SOUSCRIPTION

POUR ÉLEVER UN MONUMENT

AU

DR Louis THOMAS

BIBLIOTHÉCAIRE-ADJOINT DE LA FACULTÉ DE MÉDECINE DE PARIS

PROFESSEUR A L'ÉCOLE DENTAIRE DE PARIS

DÉCÉDÉ LE 8 FÉVRIER 1893

TRAVAUX DU COMITÉ. — INAUGURATION DU MONUMENT

SOUSCRIPTION

POUR ÉLEVER UN MONUMENT

AU

DR Louis THOMAS

BIBLIOTHÉCAIRE-ADJOINT DE LA FACULTÉ DE MÉDECINE DE PARIS

PROFESSEUR A L'ÉCOLE DENTAIRE DE PARIS

DÉCÉDÉ LE 8 FÉVRIER 1893

TRAVAUX DU COMITÉ. — INAUGURATION DU MONUMENT

Le Docteur LOUIS THOMAS

TRAVAUX DU COMITÉ

Le 8 février 1893, la mort enlevait inopinément le docteur Louis Thomas. Cette mort, tout à fait inattendue, surprenant cette vaste intelligence doublée d'une profonde érudition, en pleine possession d'elle-même, en pleine activité, en pleine vie, était une perte irréparable pour l'Ecole dentaire de Paris.

Louis Thomas avait été un de ses fondateurs, et son rôle à ce moment avait été considérable. Ce rôle, il le continua pendant 13 années, restant constamment attaché à cette institution dont il avait guidé les premiers pas, qui était pour ainsi dire sienne, dans laquelle il s'était véritablement incarné. On le voyait partout : au Conseil de direction, où ses sages avis étaient toujours suivis ; au cours, où son enseignement charmait les élèves ; à la clinique, où ses leçons étaient écoutées si attentivement ; au musée et à la bibliothèque, qu'il a contribué à créer, et même au chevet des malades, auxquels il donnait volontiers ses soins désintéressés. Louis Thomas était la personnification vivante de l'Ecole dentaire de Paris, il en était l'âme, la roue motrice.

L'homme qui avait consacré une partie de sa vie à cette institution avait trop fait pour que son nom demeurât dans l'oubli, pour que son souvenir s'effaçât avec le temps. Il fallait qu'il fût conservé à la postérité, qu'il servît d'exemple à ses successeurs, qu'il demeurât présent à ses collaborateurs de la première et de la dernière heure, qu'il restât en honneur et que sa famille éplorée et ses nombreux amis eussent la consolation de le voir vénérer comme synonyme de bonté, de loyauté, de dévouement et de désintéressement.

Aussi, dès le jour même de ses funérailles, la pensée vint-elle de perpétuer à la fois le souvenir et l'image du docteur Thomas, en les consacrant par un monument durable, par une reproduction ineffaçable de ses traits. Sur l'initiative de MM. Em. Lecaudey et G. Viau, un Comité se formait rapidement pour mener cette œuvre à bien. Composé de médecins, d'amis, des membres du corps enseignant, du Conseil de direction et de diplômés de l'Ecole, ainsi que des membres du Conseil de l'Association générale des dentistes de France, sous la présidence d'honneur de M. Péan, membre de l'Académie de médecine, ce Comité ouvrit une souscription pour élever un monument à la mémoire de celui que tous regrettaient.

Une circulaire fut adressée à tous ceux qui, de près ou de loin, touchaient ou s'intéressaient à l'Ecole dentaire de Paris et avaient pu voir à l'œuvre le grand esprit qu'elle pleurait. De tous côtés, il fut répondu à cet appel ; des points les plus éloignés du globe, partout où le nom du docteur Thomas avait pénétré, on tint à honneur de prendre part à cette manifestation de reconnaissance, si bien que la souscription atteignit en quelques mois le chiffre de 4.536 fr. Ouverte le 1er mars et close le 15 octobre, elle comprenait 287 donateurs.

Ces ressources inattendues permettaient au Comité de faire plus qu'il n'espérait ; il eut la satisfaction de prendre à sa charge les frais des obsèques, du caveau et de la tombe. Celle-ci devait être surmontée du buste en bronze du docteur, une copie devait en être faite pour l'Ecole, afin que l'image du maître fût toujours présente à ceux qui venaient lui demander son enseignement ; une reproduction devait en être obtenue par la photographie pour être offerte à chacun des souscripteurs et accompagnée d'un autographe. Enfin une plaque commémorative devait être apposée dans le pays natal du docteur.

Ces divers projets purent être exécutés de point en point et le Comité aboutit à cet heureux résultat de dépasser même les limites qu'il s'était tracées tout d'abord. C'est ce qui lui permet aujourd'hui d'adresser à chaque souscripteur le compte rendu de sa gestion, après avoir exposé déjà dans une autre brochure l'état de ses travaux.

L'exécution du buste de Louis Thomas fut confiée à un statuaire distingué, M. Millet de Marcilly, un de ses amis personnels, qui a été assez heureux pour reproduire avec une remarquable ressemblance les traits de notre regretté professeur.

INAUGURATION DU MONUMENT

L'inauguration du monument eut lieu le dimanche 22 octobre, au cimetière du Père-Lachaise, à 10 heures du matin.

Le Comité de souscription, le Conseil de direction de l'Ecole dentaire de Paris, le Conseil d'administration de l'Association générale des dentistes de France, le corps enseignant de l'Ecole, des confrères et des amis du Dr Thomas, des dentistes, des diplômés et des élèves formaient une assistance de plus de trois cents personnes, parmi lesquelles un certain nombre étaient venues de province, notamment MM. Berthaux, de Soissons, et Richer, de Vernon.

Le cortège s'est formé à l'entrée du cimetière et s'est rendu sur la tombe, où plusieurs discours ont été prononcés dans l'ordre suivant :

1° Par le D^r Em. Lecaudey, président du Comité, au nom du Comité et de l'Ecole dentaire ;

2° Par M. Ch. Godon, vice-président du Comité, au nom des fondateurs de l'Ecole ;
3° Par M. Lemerle, au nom de l'Association générale des dentistes de France, dont il est président ;
4° Par M. Roy, au nom des élèves et des anciens diplômés de l'Ecole ;
5° Par M. Jeay, au nom des diplômés de l'Ecole de la dernière année ;
6° Par M. Roger, professeur à l'Ecole dentaire de Paris, au nom de la famille et des amis.

M. le Dr Aubeau, qui avait accepté de prendre la parole pour rappeler les nombreux travaux scientifiques du défunt, empêché au dernier moment, s'est excusé.

Cette imposante cérémonie, dont chacun conservera le souvenir, a été favorisée par un temps splendide.

MM. Brouardel, doyen de la Faculté, Péan et Ollivier, membres de l'Académie de médecine, Hahn, bibliothécaire de la Faculté de médecine, les Drs Marié et Faucher, professeurs à l'Ecole dentaire de Paris, s'étaient excusés, par des lettres dont il a été donné connaissance, de ne pouvoir assister à la solennité.

Des remerciements furent adressés ensuite, au nom du Comité, pour le concours apporté dans l'accomplissement de ce pieux devoir.

DISCOURS DE M. LECAUDEY

Messieurs,

J'ai la mission douloureuse de prendre la parole aujourd'hui, au nom de l'Ecole dentaire de Paris, en remettant à la famille du docteur Thomas ce tombeau élevé à sa mémoire par le Comité de souscription.

Notre regretté professeur revit à nos yeux en ce buste de franche allure.

Le voici bien tel qu'il nous apparaît en notre souvenir, tel que nous le vîmes quelques jours encore avant qu'il fût si soudainement et si injustement frappé, en pleine vie, en pleine maturité de corps et d'esprit. Il semble prêt à nous parler, avec sa bienveillante bonhomie, son éloquence simple, ses yeux très doux de penseur et d'indulgent.

Dès sa jeunesse, le docteur Thomas fut un laborieux et un lutteur : « le travail et le combat », tels sont les deux traits qui distinguèrent son caractère. — Il n'était pas aisé et peina durement ; il acquit le grade de docteur en médecine, et, comme il était de ceux que séduisent les livres, les œuvres théoriques, il fut heureux d'obtenir le poste de bibliothécaire à l'Ecole de médecine, poste où firent merveille son esprit d'investigation, ses connaissances de linguiste et de philosophe.

Cependant il y avait en lui un instinct de combat, un désir ardent de voir et de faire triompher les idées qui le préoccupaient ; il s'était élevé à force de travail, sans le secours d'aucun, et il était prêt à se joindre à tous ceux qui tendent à arriver de la même sorte.

Aussi, Messieurs, fut-il avec nous dès la première heure.

En 1880 il s'inscrivit avec les membres fondateurs de notre Ecole ; dans une conférence qui inaugurait nos cours, il nous fit l'histoire de notre passé ; à nous, dentistes, il nous traça la route que nous avions à suivre, il rédigea notre programme scolaire, nous aida sans cesse de toute sa science et de tout son dévouement, aussi bien dans le corps enseignant que dans le Conseil de direction.

Quand notre institution prospéra, il put se réjouir d'un triomphe auquel il avait si efficacement concouru.

Il y a trois ans, alors que la croix d'officier de l'Instruction publique venait d'honorer en lui à la fois le bibliothécaire et un lauréat de l'Académie de médecine, nous fûmes heureux de lui offrir une médaille d'or, comme gage de notre reconnaissance.

Hélas ! nous n'eussions jamais pensé devoir la lui témoigner aujourd'hui par un monument funéraire !

Nous avons voulu, Messieurs, honorer la mémoire du premier docteur qui se mit dans nos rangs. — Nous avons voulu donner cette forme éternelle du bronze à notre souvenir, que nous marquerons aussi en nous inspirant de la vie et de l'exemple de notre mort vénéré.

A vous, mon cher docteur Thomas, merci, au nom de vos confrères, de vos amis, de vos disciples ! Votre pensée demeurera toujours avec la nôtre.

Je ne veux pas terminer sans adresser, au nom des souscripteurs, de particulières félicitations à M. Millet de Marcilly, le statuaire qui a su évoquer si fidèlement les traits et l'habituelle expression du Dr Thomas. Je tiens aussi à remercier vivement les nombreux souscripteurs qui ont répondu à notre appel.

DISCOURS DE M. CH. GODON

Mesdames, Messieurs,

Le Comité formé pour élever sur la tombe de notre regretté ami, le Dr Louis Thomas, le monument que nous inaugurons aujourd'hui m'a chargé de prendre la parole au nom des fondateurs de l'Ecole dentaire de Paris.

Il a voulu que j'évoque devant vous le souvenir de cette époque si intéressante de notre histoire professionnelle, déjà vieille de quatorze ans.

La vie de l'homme de bien que nous regrettons tous n'a-t-elle pas été intimement liée depuis 1880 à tous les événements qui ont signalé la fondation et le développement de cette institution ?

C'est pourquoi les dentistes ont répondu en si grand nombre à l'appel du Comité. Ils étaient si nombreux, ceux qui avaient à regretter en lui un maître ou un ami, que sa mort a été pour nous un véritable deuil professionnel.

L'éminent président du Comité, mon ami Lecaudey, a rappelé devant vous les différentes fonctions qu'a remplies à l'Ecole dentaire le Dr Louis Thomas, de 1880 à 1893.

D'autres vous rappelleront ses débuts modestes comme instituteur, son rôle à la Faculté de médecine, dans la presse médicale.

Tous diront quel savant, quel érudit il était, avec quel dévouement, quelle conscience, il remplissait chacune de ses multiples fonctions.

Il m'est dévolu, à moi qui fus son élève et son ami, d'appeler votre attention sur le rôle plus modeste en apparence de conseiller éclairé et désintéressé que Thomas n'a cessé de remplir près des fondateurs de cette école, alors jeunes et inexpérimentés, et qui en a fait pour nous le philosophe, le père intellectuel de l'institution.

Nous ne pouvons mieux faire pour honorer cette chère mémoire que de remettre en lumière toute la part qu'a prise notre ami aux divers événements de l'histoire de cette Ecole.

Ce retour vers un passé qui contient pour nous tant de souvenirs attachants nous est doux.

Il rappelle à tous ceux qui y ont pris part cette époque d'enthousiasme où, avec l'ardeur de la jeunesse, unissant dans une pensée d'intérêt général nos efforts, notre énergie, nos ressources, nous luttions pour assurer à nos confrères français une situation sociale meilleure.

Cela avait séduit l'esprit généreux de Thomas. Il avait compris qu'il y avait dans cette entreprise autre chose qu'un simple cours de médecine à faire, que c'était l'éveil d'une profession tout entière qu'il fallait guider, conseiller, diriger.

Avec son amour des causes justes et des humbles, il s'y est employé de toutes ses forces, de tout son cœur, alors que plusieurs de ses confrères hésitaient à nous donner leur concours, de peur de se compromettre.

Je voudrais, messieurs, pouvoir vous raconter quelques-unes de ses intéressantes conversations sur nos affaires professionnelles, après la clinique du matin ou le cours du soir. Je voudrais avoir le temps de vous lire une partie de la longue correspondance que j'ai échangée avec lui pendant ces quatorze années au sujet des divers incidents de l'Ecole pendant ma période administrative. Je voudrais surtout avoir le talent nécessaire pour vous faire éprouver l'émotion que j'ai ressentie ces jours-ci en la relisant.

C'est la vie tout entière de notre Ecole qui s'y trouve relatée.

La première de ses lettres — lettre d'acceptation du cours qui lui est attribué — est tout un programme de l'enseignement que nous créons.

Il entre à l'Ecole comme professeur ; mais malgré la modicité de ses ressources, il veut aussi être souscripteur.

Appelé à faire la première conférence inaugurale, il puise dans sa vaste érudition les éléments du passé de l'odontologie, qu'il reconstitue magistralement à travers les âges. Une ère nouvelle commence avec la fondation de cette première école dentaire française ; il la salue par ces précieuses paroles d'encouragement, que le Comité a été si bien inspiré de reproduire au bas de la photographie qu'il a envoyée à tous les souscripteurs :

« *Essayez, essayez encore.*

» *J'ai foi en l'avenir d'une Ecole fondée par l'initiative privée et rien que par elle* »

« Essayez, essayez encore, » ne cesse-t-il de répéter à tous ceux qui viennent le consulter, chaque fois qu'il y a de nouvelles difficultés à vaincre, des choses difficiles à entreprendre.

Je ne puis vous citer tous les événements dont je retrouve la trace dans cette correspondance.

Il n'en est pas un seul pendant ces quatorze années, heureux ou malheureux, auquel il ne se soit vivement intéressé, nous donnant les précieux conseils qu'il puisait dans son jugement toujours droit, dans son robuste bon sens.

Il était si bon, si accueillant, si tolérant, si indulgent pour les petites faiblesses des autres, que tous ceux d'entre nous qui avaient une peine, un ennui, une difficulté, venaient le trouver pour avoir son avis. Plusieurs de ses lettres sont entièrement consacrées à des plaidoiries éloquentes en faveur d'élèves fautifs, de fonctionnaires, de membres de la Société auxquels il va falloir appliquer les rigueurs du règlement.

Mais le temps passe, l'institution a grandi, prospéré ; avec le succès, les adhésions sont venues, nombreuses, quelques-unes éclatantes.

L'Etat approuve ce qui a été fait et veut continuer lui-même l'œuvre d'organisation et d'enseignement professionnel qui a été si bien commencée sans lui.

Thomas est là, à son poste. Il veille sur l'institution qui lui est devenue plus chère avec les années. Toujours clairvoyant, il lutte avec une véritable ardeur de jeunesse pour que cette intervention officielle ne soit pas une simple expropriation.

Mais le personnel professionnel s'est transformé. La génération nouvelle n'a pas connu les difficultés de la première heure. Elle est oublieuse du passé. Des discussions se produisent au sein de nos institutions. Attristé, mais non découragé, Thomas s'emploie à ramener la concorde.

Il va tenter un dernier appel, lui le médiateur désigné, lorsque brusquement la mort stupide vient le surprendre au retour d'une mission en Angleterre pour le compte de l'Ecole.

Il n'a pas pu, hélas ! jouir de la grande somme de travail et de connaissances qu'il avait accumulées, alors que plus qu'aucun autre il avait le droit d'espérer un soir calme, après une journée laborieusement remplie.

Ah ! nous avons été tous frappés au cœur par cette triste nouvelle : Thomas est mort !

Nous avons cru qu'avec lui s'en allait toute l'âme de notre Ecole, que se détachait le dernier lien qui nous avait maintenus si longtemps unis autour de l'institution commune.

Mais la réponse faite à l'appel du Comité a montré que toute foi n'était pas éteinte, puisque nous nous sommes retrouvés unis pour remplir un dernier et pieux devoir sur la tombe de l'ami qui n'est plus.

Aussi, me faisant ici l'interprète de sa dernière pensée, je vous dis à mon tour, à vous qui avez eu raison de ne pas désespérer : « Essayez, essayez encore. »

Pour conserver longtemps sa mémoire, serrez les rangs autour de l'institution à laquelle il a consacré une si grande partie de ses forces, car tant qu'elle vivra, vivra avec elle le souvenir de notre ami Louis THOMAS.

DISCOURS DE M. LEMERLE

Messieurs,

C'est avec une profonde émotion que je prends la parole au pied de cette tombe.....

Il y a à peine huit mois, nous étions tous ici, réunis pour adresser l'adieu suprême au regretté Dr L. Thomas. La mort prématurée et inattendue de l'homme qui fut pour la plupart d'entre nous notre maître et notre ami à tous jeta le deuil et la peine parmi tous les membres de l'Association générale des dentistes de France, que j'ai l'honneur de représenter aujourd'hui. C'est au nom de tous que j'adresse ici un respectueux souvenir à cet homme de bien.

Le Dr Thomas fut, dès le début de l'Association, non seulement notre soutien scientifique, mais notre guide dans la lourde tâche que s'était imposée l'Association des dentistes, d'édifier les différents services que comportait son programme. L'œuvre était grande, remplie de difficultés. Il fallait travailler, il fallait lutter. C'est alors que le Dr Thomas ne nous ménagea ni sa peine, ni son travail. Du reste, le maître était un convaincu, il avait foi en nous, et il était heureux d'aider de sa science et de son expérience des jeunes gens encore inexpérimentés.

Sa conviction exista dès les premiers pas que fit l'Association. Aussi ne puis-je résister au désir de répéter ici les paroles que nous savons tous par cœur, paroles qu'il prononça à l'inauguration de l'Ecole dentaire, le 13 novembre 1880 : « Vous avez l'ardeur de la jeunesse et l'amour du travail, et surtout la foi dans l'avenir... Moi aussi j'ai foi dans l'avenir d'une école créée par l'initiative privée et rien que par elle. »

Il avait raison, notre cher et regretté maître ! Sa prédiction d'il y a treize ans s'est accomplie.

Si l'Association générale des dentistes de France est arrivée à compléter son œuvre, c'est-à-dire à créer une école dentaire, la première qui exista en France, c'est grâce à l'énergie et au concours incessant du Dr L. Thomas. La collaboration du regretté savant fut surtout appréciée dans la large part qu'il prit à la rédaction du journal l'*Odontologie*, organe de l'Association et de l'Ecole. Ce journal sut se créer en peu de temps une place importante parmi les journaux spéciaux à l'art dentaire. Ce succès, il le doit en partie au maître.

Il serait trop long de vous retracer ici ses ouvrages et les nombreux articles scientifiques qui remplirent les colonnes de notre journal ; d'autres que moi, plus autorisés, vous diront tout à l'heure l'importance de son œuvre.

Les membres de l'Association des dentistes de France, que dis-je, tous les dentistes, sans distinction, n'oublieront jamais la généreuse part de travail et d'effort que nous donna le Dr Thomas ; aussi son nom restera-t-il attaché à notre histoire professionnelle.

Dans un mouvement spontané de reconnaissance, ses amis, ses confrères, l'Ecole dentaire et l'Association générale des dentistes de France ouvrirent une souscription pour élever un monument à l'ami, au maître que chacun pleurait.

Six mois plus tard, le bronze, sous la main habile de son ami, M. Millet de Marcilly, reproduisait magistralement les traits de l'homme que nous regrettons.

Qu'il me soit permis ici de remercier publiquement, au nom de tous, l'artiste qui, par son grand art, nous permet de reconnaître, sur ce bronze, cette figure aimable, sur ce front le grand penseur, dans ces yeux et cette bouche le fin causeur que nous aimions tant à entendre.

L'Ecole dentaire possédera le même buste, et les élèves qui viendront dans l'avenir connaîtront les traits de l'homme qui contribua au relèvement moral et scientifique de la profession, et tous apprendront à le saluer avec respect et reconnaissance.

Enfin, messieurs, une dernière marque de souvenir et de reconnaissance existera dans son pays natal, où une plaque de marbre indiquera à tous qu'il y est né un homme de bien et de science, regretté et pleuré par tous ses amis.

DISCOURS DE M. ROY

Mesdames, messieurs,

Chargé par le Comité de souscription de prendre la parole à l'inauguration du monument élevé sur la tombe de mon cher et regretté maître, au nom de ses anciens élèves, j'ai accepté cette tâche, qui était pour moi un doux et pénible devoir.

Tous ceux qui savent quelle vénération je portais au docteur Thomas comprendront en effet que ce n'est pas sans une vive émotion que je parle en cette circonstance; mais aussi je suis heureux de venir ainsi moi-même rendre publiquement hommage à ce bon et excellent homme, à qui je dois tant.

Plein de bonhomie, prodiguant sans compter son vaste savoir, le docteur Thomas n'avait pas des élèves, il avait des amis. Tous, nous nous souvenons de ces savantes leçons, où le professeur mettait tout en œuvre pour faire saisir ses démonstrations, ne craignant pas de répéter une explication, s'il apercevait un doute dans l'esprit de son auditoire; multipliant les interrogations afin de s'assurer qu'il avait été compris, ne refusant jamais un renseignement, qu'il était toujours prêt à donner.

Il aimait et encourageait les travailleurs; mais il ne se contentait pas de leur donner des encouragements plus ou moins platoniques : il leur prodiguait son temps et sa peine pour le seul plaisir de faire le bien. Il était heureux d'aider de ses leçons des jeunes gens désireux de s'instruire, les distinguant d'entre les autres, les encourageant dans leurs efforts et les prenant avec lui. A ceux qu'il n'allait pas chercher lui-même, il suffisait de frapper à sa porte et de lui dire : « Je voudrais m'instruire », et, plein de bonté, il leur répondait aussitôt, interrompant ses travaux : « Asseyez-vous là et travaillons. » Et ce n'était pas pour un jour !

Combien ont été accueillis ainsi ! Combien lui doivent leurs grades, leur situation !

Ce sont ceux-là, encore plus que les autres, qui ont été à même d'apprécier sa bonté et sa science inépuisables. Quel charme leur a laissé ce causeur aimable et érudit, émaillant sa conversation d'anecdotes, de souvenirs, de savantes digressions ! Quelle admiration n'ont-ils pas ressentie devant le savoir de cet homme, à qui on était tenté d'appliquer le *de omni re scibili*.

Mais ce fut par-dessus tout un homme juste et libéral, épris de toute idée noble et généreuse, et, de plus, ce qui le rendait encore plus cher à tous, un homme bon, dans la plus large acception du mot. Il ne croyait qu'au bien, se refusant absolument à croire au mal; il était incapable de refuser un service, s'il était en son pouvoir de le rendre, et nous savons tous, nous qui sommes ici, combien il eut d'occasions de le faire.

Quel plus puissant contraste que la haute science de cet homme et sa simplicité, sa modestie, son désintéressement ? N'est-ce pas bien là la marque de ces esprits supérieurs en toute chose, qui s'imposent par leur supériorité seule, sans avoir besoin d'aucun artifice extérieur ?

Ainsi qu'on le disait au moment de ses obsèques, il était devenu pour quelques-uns de ses élèves un véritable père intellectuel. Je suis vraiment fier d'avoir été de ceux-là, et d'avoir pu, dans une fréquentation constante de plusieurs années, apprécier un peu l'étendue de son esprit.

Que n'eût-on pas fait pour un tel homme ? Quelle reconnaissance lui doivent tous ceux qu'il a fait travailler auprès de lui ! Chacun de leurs succès était une fête pour lui ; je vois toujours sa bonne figure souriante, sa joie lorsqu'il apprenait l'heureux résultat d'un examen. C'est en un jour comme celui-ci que l'on regrette de n'avoir pas une éloquence à la hauteur des sentiments de gratitude, de vénération, mais malheureusement de tristesse, qui emplissent le cœur !

Je pourrais vous dire alors les regrets qu'il a laissés à nous tous ; je vous dirais aussi combien m'est et me sera toujours sensible la perte d'un homme qui était pour moi un second père, et qui était associé dans ma pensée à toute ma vie.

Enlevé d'une façon si prématurée à notre affection, à notre reconnaissance, il nous laissera au moins un grand exemple à suivre : souvenons-nous de sa vie, de ses leçons, de ses conseils, et aimons comme lui le travail, la liberté, la justice; efforçons-nous d'être bons comme lui ; ce sera certainement la meilleure manière d'honorer sa mémoire !

DISCOURS DE M. JEAY

Messieurs et chers collègues,

Nos maîtres viennent de vous rappeler l'œuvre bienfaitrice et l'œuvre scientifique du cher défunt; ils ont fait revivre à vos yeux sa sympathique figure et vous ont dépeint son caractère dévoué envers ses amis et ses collègues. Au nom des diplômés, au nom de la jeunesse dont il a dirigé les premiers pas dans la carrière, j'ai un dernier hommage à rendre à sa mémoire.

Le Dr Thomas était non seulement notre professeur, mais aussi notre ami. Sachant nous captiver par les secrets merveilleux de l'art de guérir, nous encourageant par de bonnes paroles, aidant les réfractaires par des raisonnements clairs, simples et justes, il se mettait à la portée de tous, s'occupait du faible comme du fort, et par ce fait même se faisait aimer de tous ses élèves. J'ai lu quelque part que le meilleur moyen de se faire respecter était de se faire aimer, et il n'est personne parmi nous qui ne vénère sa mémoire. Nous le voyions tous, le matin, à la clinique, allant de fauteuil en fauteuil, l'humeur égale, s'enquérant des travaux de chacun, nous expliquant avec une patience infinie, avec simplicité et bonhomie, les cas intéressants que nous rencontrions. Il avait toujours quelque histoire, quelque anecdote spirituelle à nous raconter, pour nous mettre plus facilement en mémoire ce qu'il venait de nous apprendre et nous faire paraître la tâche moins ardue. L'aurait-on dérangé dix fois, qu'il vous eût toujours répondu avec la même complaisance, n'épargnant pas son temps, et l'heure de partir arrivait qu'il ne s'en doutait guère, si heureux qu'il avait été pendant les trois heures passées parmi nous ! On vous rappelait tout à l'heure sa valeur en tant que linguiste. Comme il savait utiliser la science et la mettre au profit de tous! Combien d'étrangers venus chez nous s'instruire ont été heureux de le trouver, et avec quelle sollicitude ce grand penseur les accueillait ! S'il est vrai que l'hospitalité est une qualité française, notre cher mort l'était bien, Français ! Pour lui, la science n'avait pas de patrie ; il tendait même plus volontiers la main à l'étranger qui, par le fait de la différence des langues, se trouvait dans un état d'infériorité, cherchant ainsi à niveler les partis, à rendre la lutte plus égale, tant il possédait cet esprit de justice qui impose toujours le respect.

Dans ses cours, il avait au plus haut point cette qualité du professorat qui consiste à enseigner peu à la fois, mais en se faisant comprendre de tous. Guidé par lui, nous allions tranquillement, sagement, à travers les chemins difficiles de la pathologie, et nous arrivions au but, surpris de l'atteindre déjà, heureux d'avoir franchi bien simplement des écueils qui de loin nous paraissaient effrayants. Avec lui, la tâche était facile ; ses cours étaient une sorte de causerie scientifique entre bons camarades, et les heures passaient, et nous nous instruisions en nous amusant. Poussant très loin le devoir professionnel, il questionnait chacun de nous, s'efforçant de connaître, non pas, comme il le disait, ce que nous savions, mais bien ce que nous ne savions pas ; car aussitôt notre point faible connu, cet homme était heureux de pouvoir nous rendre encore une fois service et, bien vite, il complétait notre léger bagage scientifique, y ajoutant ce qui manquait. Aussi, pour les matières de son cours, voyait-on sans effroi approcher les examens de fin d'année, confiant et plein d'assurance, car on le savait juste et bon.

Voilà, messieurs, ce que fut ce professeur dévoué, cet ami sincère de tous les instants. Adieu donc, cher maître et ami, salut à ton visage vénéré, et encore une fois merci au nom de tous ceux qui ont travaillé sous ta direction.

DISCOURS DE M. ROGER

Messieurs,

On nous a retracé la vie du savant, du professeur distingué et dévoué. A ces différents points de vue, on nous a rappelé ce qu'était le Dr Thomas. Mais il n'a pas seulement été un savant, il a été un médecin, et c'est la médecine qui a bénéficié de sa science, car c'est à son profit qu'il a en quelque sorte synthétisé ses connaissances si variées, sa grande érudition. Le Dr Thomas était donc avant tout un médecin, il en était digne ; il appartenait tout entier au corps médical, qu'il a grandement honoré. Et cependant la plus belle page de sa vie ne nous a point été racontée, à nous qui sommes pieusement réunis sur sa tombe, dans la commune pensée de louer les qualités, les vertus et la science de notre cher mort. Je frissonne ! Serait-ce donc déjà le commencement de l'oubli ? Non, je n'y puis croire. Quoi qu'il en soit, messieurs, je le dis bien haut, le corps médical, dûment prévenu, a manqué d'esprit de corps et, de solidarité en s'abstenant de venir à notre cérémonie. C'eût été son devoir vis-à-vis de tout membre quelconque de cette grande famille de médecins composée d'hommes de cœur. Vis-à-vis du Dr Thomas, cette abstention est une lacune bien regrettable de la part de ses confrères, et pour beaucoup d'entre eux, un acte d'ingratitude. La tâche était cependant bien belle, et singulièrement facilitée par la noble figure du docteur. Bornons-nous donc, mais disons tous ensemble ce que nous pensons tout bas : « La place méritée par le Dr Louis Thomas sur le livre d'or de la médecine est à la première page, car sa science, ses connaissances multiples, sa profonde érudition sur toutes choses et en toutes matières en avaient fait, sinon le médecin le plus célèbre, du moins le médecin le plus savant de France. Oui, je le répète, et, messieurs, en l'absence de personnes autorisées pour le proclamer ici, répétez-le avec moi dans un même sentiment d'admiration pour ce grand savant : le Dr Thomas était le médecin le plus savant de notre pays. Nous ferons ultérieurement connaître sa vie scientifique et ses écrits.

Aujourd'hui j'accomplis un pieux devoir en venant rendre hommage à sa mémoire, en faisant connaître à ceux qui ont moins vécu dans son intimité, la fermeté, la droiture de son caractère, l'honnêteté, la probité et les qualités de cœur de notre regretté ami.

Quand on envisage dans leur ensemble tous les actes importants de cette vie si exemplaire, si bien remplie, on trouve toujours, comme marque distinctive de son caractère, un sentiment profond de l'honnêteté, de la bonté, de la justice, de la dignité, de l'indépendance. On peut dire de lui qu'il n'a jamais connu ni l'intrigue, ni les compromissions. « Tout par le travail et rien que par le travail, » telle semblait être sa devise. Vous ne trouverez pas dans toute sa vie un seul acte, un seul fait procédant de la plus légère défaillance ; c'est qu'il considérait le patrimoine de l'honneur comme le bien le plus précieux de tous ; et comme il surveillait surtout l'intégrité de ce patrimoine-là ! Hélas ! pourquoi les hommes qui offrent tant de garanties d'honneur et d'incorruptibilité ne sont-ils pas à la tête des collectivités, quelles qu'elles soient ? Les deniers publics seraient en bonne garde, ils ne seraient point dilapidés, soyez-en sûrs ; quelle sécurité pour la chose publique ou privée, au double point de vue de l'intégrité et de la compétence !

Mais malheureusement ce ne sont point ces natures-là qui recherchent les fonctions publiques ; elles préfèrent le temple serein de la science aux luttes du forum ou aux vicissitudes de la politique.

Une petite anecdote va vous peindre un des côtés de son caractère.

A l'origine, le Dr Thomas se destinait à l'enseignement primaire. Doué de cette prodigieuse mémoire et de cette remarquable intelligence que nous lui avons connues, il occupait le premier rang à l'Ecole normale. Les programmes de cette Ecole, malgré leur complexité, n'étaient qu'un jeu d'enfant pour lui, si je puis m'exprimer ainsi. Sa curiosité naturelle, son désir de connaître et de s'instruire était si vif, si impérieux, qu'il occupait ses loisirs en étudiant les langues vivantes ; il avait même fait une petite incursion dans le domaine des langues mortes. En bonne justice et au point de vue de l'intérêt général, l'Académie aurait dû lui assurer un poste relativement important. Nous savons avec quel profit pour tous il se serait acquitté de sa tâche ! Il n'en fut rien, on le relégua dans l'une des plus petites communes du département de l'Orne. La raison de cette disgrâce ? me direz-vous. L'Empire florissait ; de toutes parts on chantait en termes dithyrambiques les bienfaits et les avantages de ce régime incomparable. Lui — et ils étaient bien peu nombreux, car il y avait un certain courage à le faire — ne partageait pas l'enthousiasme général. Sa droiture, son honnêteté ne pouvait lui faire admettre le parjure ; d'un autre côté, il est possible que ses tendances personnelles le portassent naturellement, dès cette époque, vers la forme républicaine. Quoi qu'il en soit, en haut lieu, il était suspect de républicanisme. Il lui appartenait sans conteste de préconiser les avantages de cette forme de gouvernement, car il avait bien toutes les vertus de ces hommes qui ont rendu célèbres les républiques antiques ! Le crime était grand à cette époque et de nature à légitimer la plus criante injustice.

Installé dans cette toute petite commune, au cours d'une période électorale, le candidat officiel, bien renseigné d'ailleurs, fit sa visite à l'instituteur et lui dit : « Je sais, monsieur l'instituteur, que je ne dois pas compter sur votre concours ; mais, comme candidat officiel, *nous avons droit* à votre neutralité. » L'attentat à la liberté de l'homme était manifeste, la pression, la menace ne l'étaient pas moins. Le candidat s'attira cette fière réponse : « Je ne suis ni électeur, ni *éligible*. Ce sont là les seules raisons qui feront que je demeurerai étranger aux *prochaines* élections. » Il n'avait point encore la majorité politique. Avec cette indépendance-là, vous sentez à merveille qu'il n'avança pas, malgré ses droits à l'avancement. Ce cher ami n'était point né pour les carrières administratives, il n'avait point cette souplesse de caractère exigée à cette époque ; il le sentit et démissionna.

S'il avait eu un sentiment moins vif de sa propre dignité, nous n'aurions jamais eu ni connu le Dr Thomas. C'eût été regrettable. A coup sûr, des hommes tels que lui savent se rendre utiles dans tous les milieux où ils vivent ; mais enfin il faut reconnaître que la sphère d'action, la part d'influence du docteur n'eût plus été la même en province qu'à Paris.

Nous connaissons tous avec quel travail opiniâtre, quelle ardeur infatigable le Dr Thomas se livrait à ses occupations si chères, avec quelle énergie, quelle patience il fouillait les archives françaises et étrangères. (Il parlait la langue et lisait la littérature de presque tous les pays d'Europe, à ce point qu'aujourd'hui même, si le destin lui avait permis de partager notre enthousiasme patriotique, il aurait eu le bonheur de manifester dans l'idiome même de nos sympathiques alliés.) Nous nous rappelons quel acharnement, quel souci de la vérité il apportait quand il s'agissait de faire la lumière sur une question quelconque, sur un point d'histoire, ou bien de faire revivre une époque, un homme. De l'énergie ! Vous allez voir comme il en a fait preuve à Paris, quelle force, quelle ténacité, quel esprit de suite il lui a fallu employer pour devenir le docteur Louis Thomas.

Ayant démissionné, âgé de vingt ans à peine, l'âge de tous les enthousiasmes, il vint à Paris. Ce cadre était mieux fait pour ses aptitudes extraordinaires, prodigieuses, répétons-le. Son imagination était remplie de grands projets, de belles conceptions, mais les ressources étaient légères, plus que légères. Ce n'était pas le moment de caresser les rêves d'avenir, de s'abstraire dans des théories philosophiques ; le présent était impérieux ; il fit des adresses sur bandes dans la maison Bonnard-Bidault ! Le premier jour il gagna deux francs, et il put, le soir, savourer, en compagnie de son excellent ami Louis Ernoux, son dîner composé d'un morceau de saucisson. Jamais il ne parut plus heureux. « Voilà le meilleur repas de ma vie, dit-il, je viens de le gagner. » Je me suis permis de relever ce petit détail, uniquement dans le but de vous faire voir ce grand caractère dans les situations de sa vie.

Des hommes de cette trempe-là, si des circonstances les placent en dehors de leur voie naturelle, ce ne peut être qu'un léger incident dans leur vie, car bientôt on les voit reprendre le cours de leur vocation un moment interrompue ! L'étude était sa passion, elle s'était emparée de lui de bonne heure: dès sa plus tendre enfance elle eut pour lui un attrait irrésistible. Il rentre bientôt dans l'enseignement libre, tantôt comme maître d'étude, tantôt comme répétiteur. N'était-il pas à Paris, ce véritable foyer scientifique ! Il consacre ses loisirs à l'étude des auteurs classiques, passe avec succès ses baccalauréats, se fait recevoir docteur en médecine, et tout cela sans le secours de personne. N'est-ce pas la démonstration la plus éclatante que, dans une société démocratique, les plus humbles, les moins favorisés de la fortune peuvent cependant aspirer à occuper les plus hautes régions intellectuelles ? Ne nous plaignons pas d'un état social qui donne libre cours à de telles évolutions !

Inspirez-vous, jeunes gens, des exemples qu'il nous a donnés. Ne perdez pas de vue que, dans notre libre pays de France, les situations libérales ne sont plus l'apanage exclusif des castes privilégiées ; le docteur nous a démontré qu'il n'y avait point de barrières infranchissables pour quiconque sait allier à une volonté persévérante une vie sagement ordonnée.

Pourvu du titre de docteur, il ne voulut point faire de clientèle ; il préférait ses chères études et demander sa subsistance à un travail difficile, ardu, longtemps peu rémunérateur. Ce qui fut sa grande force, c'est que le Dr Thomas ne se préoccupait point des questions d'ordre matériel. Son bonheur était de faire des travaux d'érudition. Ses habitudes étaient simples, d'une simplicité toute primitive. Il était heureux, très heureux même, au milieu de ses livres ; ayant peu de besoins, il vivait exempt de soucis. Personne ne peut dire qu'il eut jamais la pensée de parvenir au luxe.

Par ses travaux non seulement il enrichissait la littérature médicale, mais encore il trouvait le temps nécessaire pour rendre les plus grands services à ceux qui l'ont approché. On a dit que l'amitié d'un grand homme était un bienfait des dieux ; nous qui avons profité de la science de cet homme de cœur, nous pouvons affirmer que l'amitié du Dr Thomas a été un bienfait pour un grand nombre de ses amis. Combien sommes-nous, réunis autour de sa tombe, qui avons bénéficié de sa vaste érudition ? Combien sommes-nous à qui il a donné les meilleurs conseils ? Il avait conquis un tel ascendant parmi ses amis, qu'aucun de nous n'aurait mis un projet à exécution sans en avoir préalablement appelé à sa sagesse, à son expérience des hommes et des choses ; et comme il s'y prêtait de bonne grâce, sans autre avantage que la satisfaction du service rendu ! Son grand cœur était la source inépuisable des plus belles pensées et des actions les plus méritantes. Il ne fut jamais effleuré par un sentiment égoïste. Oui, il aimait la science, mais il la voulait pour tous. Il ne lui suffisait pas d'avoir conquis des titres, fort estimables à la vérité, il voulait aussi que ses amis en eussent. Il n'était pas jaloux de leurs lauriers, il y applaudissait avec ces élans de cœur qui ne trompent personne. Vous vous les rappelez, n'est-ce pas ? Comme ils étaient expressifs et dénotaient un bon et loyal cœur ! Combien y a-t-il de malades amis qui se sont adressés au médecin, et jamais en vain, s'ils se trouvaient surtout dans une situation de fortune peu aisée ! Il prenait sans compter, sur le temps qu'il consacrait à ses écrits ; et on voyait celui qui n'avait pas cru devoir faire de la clientèle, pour ne pas être distrait de son cabinet, multiplier ses visites, donner ses soins avec un dévouement qui n'avait d'égal que son grand désintéressement. Il aurait voulu la notoriété pour tous ; il ne la recherchait pas pour lui. Avec quelle abnégation de lui-même n'a-t-il pas mis sa science, son grand talent d'écrivain, sa force de dialectique au service de tous !

Quel grand cœur ! Aussi comme je comprends maintenant la portée de cette maxime, qu'il avait mise au bas d'un dessin représentant une église : « *Ubi cor, ubi thesaurus.* » Cette juxtaposition était une réponse directe à cette prétention de l'Eglise qui consiste à dire « qu'en dehors d'elle il n'y a point de salut ». Comme beaucoup d'esprits cultivés, il était sceptique à l'endroit des dogmes imposés à notre croyance ; il ne croyait guère aux miracles ni au merveilleux et ne considérait comme vraiment établies que les vérités d'ordre scientifique. A cette devise de l'Eglise, il opposait celle qui a été le culte de toute sa vie : « Où est le cœur, là est le trésor. » Quand on envisage la vie si exemplaire du Dr L. Thomas, quand on récapitule le nombre presque incalculable des services qu'il a rendus, on est amené à s'écrier : Oui, ce qui fait l'homme vraiment bon, vraiment utile, l'homme de bien sur cette terre, ce n'est pas l'observance, même sincère, de pratiques religieuses souvent stériles. A celui-là on préférera toujours l'homme qui professe l'amour de l'humanité, en se dépensant sans compter pour améliorer la situation de ses semblables, en faisant le bien autour de lui, sans autre but que de leur être utile. A ces derniers nous leur devons, et c'est bien le moins, une reconnaissance éternelle. Telle fut la vie du Dr Thomas.

Vous vous souvenez aussi de ces heures charmantes que nous passions auprès de lui : quelle conversation attrayante, instructive ! En le quittant après ces bonnes causeries dont il était prodigue, à notre grande joie, on se sentait tout à la fois et plus fort et meilleur, tant il respirait l'honnêteté, la bonté et, j'ajouterai à dessein, la moralité. Ai-je besoin de dire qu'il était simple, naturel, qu'il avait horreur de l'affectation, détestait le bruit et se souciait peu de la notoriété officielle ?

De plus, il était égalitaire par tempérament. Ah ! ce n'était pas un vain mot pour le Dr Thomas, que ce mot égalité. Ce n'est pas lui qui classait les gens par catégories, par nationalités, qui modifiait son attitude, ses manières, suivant la condition sociale de celui avec qui il se trouvait en rapport. Dans toute personne, maître ou domestique, il voyait avant tout l'homme. En conséquence, il accueillait l'un et l'autre avec la même bienveillance, j'ajouterai, pour bien rendre mon idée, avec les mêmes égards. Vous énumérerai-je ses actes de délicatesse, de désintéressement, d'abnégation de lui-même ? Non, ce serait nous conduire trop loin, car sa vie en était remplie.

C'est bien ainsi, n'est-ce pas, que le Dr Thomas vous est apparu ? Je ne crois pas que l'amitié que j'avais pour lui m'ait porté à exagérer les qualités de cœur de ce généreux ami, qu'une mort cruelle et injuste nous a ravi si prématurément. Que de trésors de science et de bonté ont été perdus pour nous si soudainement, si inopinément ! N'était-il pas encore à un âge où l'on peut espérer vivre longtemps pour les siens, pour ses amis ? Pourquoi ces natures d'élite sont-elles souvent celles qui passent si vite au milieu de nous ? Est-ce donc pour augmenter encore le fardeau, déjà bien lourd, de nos misères, en ajoutant à toutes les infirmités dont nous sommes menacés la tristesse de voir disparaître de notre scène de tels hommes, à un âge si plein encore de belles promesses ? Hélas ! confinés dans notre impuissance, nous ne pouvons que nous incliner devant l'inéluctable et triste destinée.

Son souvenir sera toujours vivant parmi nous. Sa mémoire ne nous a-t-elle pas été léguée par le bien qu'il nous a fait ? C'est à nous qu'il appartient de la sauver de l'oubli. C'est notre dette sacrée. Non, son souvenir ne s'effacera pas, j'en ai pour sûr garant l'intérêt que nous portons à nos enfants. Lorsque, dans nos enseignements, nous leur recommanderons de se conduire comme un honnête homme et que nous leur ferons un tableau des qualités requises pour devenir un homme de bien, nous aurons la certitude que le type idéal de l'honnête homme, dans toute l'acception du mot, n'est pas au-dessus des forces humaines, en pensant à la vie vécue du Dr Louis Thomas.

Merci, messieurs, merci au nom de la veuve, au nom de la famille, de votre attention si délicate, si touchante. Sur l'initiative de l'Ecole dentaire de Paris, et grâce au ciseau du sculpteur de talent, M. Millet de Marcilly, elle pourra encore voir les traits de celui que nous pleurons, contempler sa physionomie si douce et son regard profond qui décelait un penseur et un érudit. Puissent cette spontanéité, cet hommage de reconnaissance adressé par vous tous à la mémoire de cet homme de bien adoucir l'amertume de ses larmes.

Merci à vous tous, qui avez salué la grandeur, la générosité, alors même qu'elle s'incarnait dans le plus modeste des hommes.

Merci à l'Ecole dentaire de Paris, qui a su honorer dignement et solennellement la mémoire du Dr Thomas.

BUREAU DU COMITÉ

PRÉSIDENT D'HONNEUR :

M. le Professeur PÉAN, ex-chirurgien des Hôpitaux, Membre de l'Académie de Médecine.

MM.

Président :	Em. LECAUDEY, Président honoraire de l'École Dentaire de Paris.
Vice-Présidents :	P. POINSOT, Directeur de l'École Dentaire de Paris.
—	Ch. GODON, Ex-Directeur adjoint de l'École Dentaire de Paris.
Secrétaires :	Francis JEAN, Professeur suppléant à l'École Dentaire de Paris.
—	P. MARTINIER, Professeur suppléant à l'École Dentaire de Paris.
Trésorier :	G. VIAU, Professeur à l'École Dentaire de Paris, Président de la Société d'Odontologie.
Membres :	ROGER, Avocat, Professeur à l'École Dentaire, Délégué du Comité.
	Louis ERNOUX, Délégué du Comité.

LISTE DES SOUSCRIPTEURS

Association générale des Dentistes de France.	Paris.	Blanchard (Dr).	Paris.
École Dentaire de Paris.	id.	Blocman (G.). d. e. d. p.	id.
Les membres du Conseil de Direction de l'Ecole.	id.	Bonnard. d. e. d. p.	id.
		Bonnefoy (Dr).	id.
		Borkowski. d. e. d. p.	Courbevoie.
		Brachet (Dr).	Aix-les-Bains.
Adnet.	id.	Brauman.	Paris.
Alaux.	Toulouse.	Budant.	id.
Allain.	Paris.	Buisseret (Dr). d. e. d. p.	id.
Almen (d'). d. e. d. p.	id.	Burau (Mlle).	id.
Amillac.	Oran.	Buron.	id.
Antoine (Emile).	Paris.	Brodhurst. d. e. d. p.	Montluçon.
Argent (d'). d. e. d. p.	id.	Carbonnel.	Paris.
Aubeau (Dr).	id.	Cazeaux (père). d. e. d. p.	Dunkerque.
Arlet (frères). d. e. d. p.	Corbeny.	Cecconi. d. e. d. p.	Paris.
Arnold. d. e. d. p.	Paris.	Chanaud.	id.
Athénas.	id.	Charpentier.	id.
Audy (Fr.). d. e. d. p.	Senlis.	Chaussebourg (Aimé).	id.
Audy (G.). d. e. d. p.	Compiègne.	Chaussebourg (Louis).	id.
Audy (Mlle). d. e. d. p.	Paris.	Chauvin (R.). d. e. d. p.	id.
Barbier. d. e. d. p.	id.	Cherbétian. d. e. d. p.	Constantinople.
Barbin.	id.	Choquet. d. e. d. p.	Paris.
Barrié. d. e. d. p.	id.	Chouville. d. e. d. p.	Saint-Quentin.
Bassot.	id.	Claser.	Paris.
Beauregard.	id.	Clouet.	id.
Beaussillon.	id.	Coignard. d. e. d. p.	Nantes.
Berg (Mlle). d. e. d. p.	id.	Condoin (Dr).	Paris.
Bergeron-Lemière.	id.	Coupard (Dr).	id.
Bernal (Joaquin).	Barcelone.	Cumming.	id.
Bernick.	Paris.	Daclin.	id.
Bertaux (P.).	id.	Daillet (Dr).	id.
Berthaux.	Soissons.	Damourette.	id.
Bidet.	Paris.	Debray (Amand).	id.
Bignault. d. e. d. p.	id.	Debray (Maurice).	St-Germain-en-L.
Billet. d. e. d. p.	id.	Delaunay. d. e. d. p.	Paris.
Bioux. d. e. d. p.	id.	Decker. d. e. d. p.	Luxembourg.
		De Lemos. d. e. d. p.	Paris.

DEMATHIEU (Mlle).	Paris.	HEÏDÉ. D. E. D. P.	Paris.
DENIS (Emile). D. E. D. P.	id.	HERMANN.	id.
DENY (Dr).	id.	HEYMEN-BILLARD.	id.
DETROYAT. D. E. D. P.	id.	HIRNE (Dr).	id.
DEVOUCOUX (G.). D.E.D.P.	Constantine.	HIRSCHBERG. D. E. D. P.	id.
DEVOUCOUX (C.). D. E. D P.	Paris.	HIRTZ (Dr).	id.
DUBOIS (P.). D. E. D. P.	id.	HOFZUMAHAUS. D. E. D.P.	id.
DUGIT (Ad.). D. E. D. P.	id.	HOUDOUX. D. E. D. P.	id.
DUGIT (M.). D. E. D. P.	id.	MISS HOWARD.	id.
DUPAS (Dr). D. E. D. P.	Nantes.	HUTINEL (Dr).	id.
DUVIVIER.	Paris.	JASPAR.	id.
DUVIVIER (Mme).	id.	JEAY. D. E. D. P.	id.
DUVOISIN. D. E. D. P.	Chartres.	JOSEPH-M. D. E. D. P.	id.
ELOY (Mlle).	Paris.	JUNG.	id.
ERNOUX.	id.	LAGRANGE (Eugène).	Soissons.
FANTON-TOUVET. D. E.D.P.	id.	LALLEMENT.	Paris.
FAUCHER (Dr).	id.	LAMY.	id.
FAUVEL.	id.	LAPIÈRE.	id.
FAYOUX. D. E. D. P.	Niort.	LAROY.	Compiègne.
FELGINES.	Aurillac.	LECAUDEY (Dr).	Paris.
FEUVRIER. D. E. D. P.	Soissons.	LECAUDEY (Vve).	id.
FLAMMARION.	Paris.	LEGENDRE.	id.
FLAUGERGUES (de).	id.	LEGRAND.	id.
FORTIN.	id.	LEGRET. D. E. D. P.	Boulogne-sur-S.
FOURRIER (Dr).	Compiègne.	LEGROS. D. E. D. P.	Paris.
FRANCIS (Jean). D. E. D. P.	Paris.	LEJEUNE.	id.
FRESNEL. D. E. D. P.	id.	LEMARCHAND.	id.
FREY (Dr).	id.	LEMERLE. D. E. D. P.	id.
GAIGNON.	Choisy-le-Roi.	LENOBLE (Dr).	id.
GANDIL (Dr).	Nice.	LE SÈVE.	id.
GILLARD. D. E. D. P.	Paris.	LEVILLAIN (Dr).	Lisieux.
GILLION (Vve).	Avesnes-s.-Helpe	LEWET (Dr).	Paris.
GIRET. D. E. D. P.	Paris.	LORIOT.	id.
GODON. D. E. D. P.	id.	LOUP. D. E. D. P.	id.
GOLDSCHMIDT.	id.	LÖWENTHAL. D. E. D. P.	id.
GOUHAUT (Dr).	id.	MAGUB. D. E. D. P.	id.
GRAVOLLET. D. E. D. P.	Vincennes.	MAHIEU.	id.
GRIMBERT.	Paris.	MAILLE. D. E. D. P.	id.
GUÉRIN (père). D. E. D. P.	Moulins.	MALEPLATE. D. E. D. P.	id.
GUÉRIN (fils). D. E. D. P.	id.	MAMELZER. D. E. D. P.	id.
GUILLEMIN.	Paris.	MARIÉ (Dr).	id.
HAHN (Dr).	id.	MARIEZ.	id.
HARLAN (A.-W.).	Chicago.	MATIAL-LAGRANGE. D E D P	id.
HÉBERT (Mme).	Gisors.	MARTIN. D. E. D. P.	id.

Martinier. d. e. d. p.	Paris.	Robin. d. e. d. p.	Paris.
Masson (Mme). d.e.d.p.	id.	Roger (Em.).	id.
Mathieu (Dr).	id.	Ronnet. d. e. d. p.	id.
Maurice.	id.	Roumeguère.	Auch.
Merlin. d. e. d. p.	Toulouse.	Rousseaux.	Roubaix.
Meunier. d. e. d. p.	Gd-Montrouge.	Rousseaux (Mme). d e d p	id.
Monet (Mme).	Paris.	Roy. d. e. d. p.	Paris.
Mouton. d. e. d. p.	id.	Rozenbaum (G.)	id.
Mouton (Dr).	Le Sap.	Sablayrolles. d. e. d. p.	Nantes.
Nélaton (Dr).	Paris.	Salmon. d. e. d. p.	Paris.
Nicolaïdes.	id.	Saumur.	id.
Nickelson. d. e. d. p.	Dinan.	Sauvez (Père).	id.
J. Noel.	Nancy.	Sauvez (Dr).	id.
Nolda. d. e. d. p.	Hambourg.	Schleier.	id.
Norstrom (Dr).	Paris.	Schwartz. d. e. d. p.	Nimes.
Ollivier (Dr).	id.	Scribot.	Paris.
Ott (Eugène).	Saint-Dié.	Seigle. d. e. d. p.	Bordeaux.
Papa (R.).	Naples.	Serres.	Paris.
Papot. d. e. d. p.	Paris.	Signeux.	Bois-Colombes.
Paulin (Dr).	id.	Sorbin.	Paris.
Paulme. d. e. d. p.	id.	Stawiski.	id.
Péan (Dr).	id.	Szwaycarski (Hugo). d. e. d. p.	id.
Percepied (Dr).	Mont-Dore.	Tayac.	id.
Pingvasser.	Paris.	Texier.	Annonay.
Plessis (A.).	id.	Tournant (Dr).	Compiègne.
Plessis (Mlle Jeanne).	id.	Trallero (R.). d. e. d. p.	Barcelone.
Plessis (Henri).	id.	Trallero (M.). d. e. d. p.	id.
Poicteau.	id.	Tusseau. d. e. d. p.	Paris.
Poinsot.	id.	Tzanck.	id.
Pombet. d. e. d. p.	Le Havre.	Vergel (de Dios).	Philadelphie.
Prest. d. e. d. p.	Paris.	Viau (G.). d. e. d. p.	Paris.
Prével. d. e. d. p.	id.	Vigier.	id.
Prussenar. d. e. d. p.	id.	Vichot.	id.
Prussenar (Mme). d e d p	id.	Walter.	id.
Quillet.	id.	Walter (A.)	id.
Quillet (André).	id.	Wéber.	id.
Quincerot. d. e. d. p.	id.	Wisner.	id.
Rasumny. d. e. d. p.	id.	Wright. d. e. d. p.	Londres.
Rémy (Dr).	id.	Un vieux Camarade.	
Reynier (Dr).	id.	Un Anonyme.	
Richer.	Vernon.	Zamkoff. d. e. d. p.	Paris.

Le montant des souscriptions s'est élevé à 4.536 francs.

DÉPENSES :

Funérailles (Devis pompes funèbres)...............	781 fr.	95
Couronne de l'Ecole dentaire.....................	100	»
— de l'Association générale des dentistes de France...	100	»
Couronnes du Conseil de direction de l'Ecole.........	150	»
Entrepreneur marbrier (caveau et monument)........	873	. »
Sculpteur et fondeur (Millet de Marcilly)............	2.000	»
Photogravures d'après le buste et autographe (300 exemp.)	125	»
Impression de la brochure « Aux souscripteurs ».....	100	»
Imprimeur Fanguet (secrétariat)....................	97	»
— Majesté —	24	»
Affranchissements —	85	45
— (trésorier)....................	47	90
Agrandissement de photographies..................	20	»
Total............	4.504 fr.	30

TABLE DES MATIÈRES

	Pages
Travaux du Comité	1
Inauguration du Monument	2
Discours de M. Lecaudey	3
Discours de M. Godon	4
Discours de M. Lemerle	6
Discours de M. Roy	7
Discours de M. Jeay	9
Discours de M. Roger	10
Bureau du Comité	15
Liste des souscripteurs	16
Dépenses	19

Châteauroux. — Typ. et Stéréotyp. A. Majesté et L. Bouchardeau.

CHATEAUROUX. — TYP. ET STÉRÉOTYP. A. MAJESTÉ ET L. BOUCHARDEAU.

www.ingramcontent.com/pod-product-compliance
Lightning Source LLC
Chambersburg PA
CBHW062004070426
42451CB00012BA/2635